CUADERNO DE ACTIVIDADES DE AUTOEVALUACIÓN

BIOLOGÍA Y GEOLOGÍA

3º de ESO

María Mercedes Bautista Arnedo

Licenciada en Ciencias Biológicas

1ª Edición: octubre 2007
Composición de portada: Lulu.com
Maquetación: Francisco José Martínez Ruiz

Editor: Lulu.com
www.lulu.com

ISBN: 978-1-84799-067-9

INDICE DE CONTENIDOS

1. ORGANIZACIÓN CELULAR DE LOS SERES VIVOS 7
2. NUTRICIÓN HUMANA 13
3. APARATOS CIRCULATORIO, RESPIRATORIO Y EXCRETOR 17
4. FUNCIONES DE RELACIÓN EN EL SER HUMANO 25
5. LOS SENTIDOS Y EL APARATO LOCOMOTOR 31
6. REPRODUCCIÓN HUMANA Y SEXUALIDAD 39
7. SALUD Y ENFERMEDAD 47
8. LA MATERIA MINERAL 53
9. LAS ROCAS 61
10. SOLUCIONARIO 67

CUADERNO DE ACTIVIDADES DE AUTOEVALUACIÓN

BIOLOGÍA Y GEOLOGÍA

3º de ESO

María Mercedes Bautista Arnedo

1. Organización celular de los seres vivos

1. No se encuentra nunca en las células animales

   A - Mitocondrias

   B - Retículo endoplasmático

   C - Lisosomas

   D - Pared celular

   E - Aparato de Golgi

2. La cromatina se encuentra

   A - En el Aparato de Golgi

   B - En el retículo endoplasmático rugoso

   C - En el núcleo

   D - En el retículo endoplasmático liso

   E - En el centriolo

3. El núcleo contiene en su interior el material genético o ADN

   Verdadero

   Falso

4. Las vacuolas se encargan de sintetizar proteínas

   Verdadero

   Falso

5. La forma de las células es independiente de la función que realizan

   Verdadero

   Falso

6. El tamaño de las células de un ser vivo depende del tamaño de este

   Verdadero

   Falso

7. Las células que forman los seres vivos pueden ser eucarióticas o procarióticas

Verdadero

Falso

8. Las células eucarióticas son más sencillas que las procarióticas

Verdadero

Falso

9. Realizan la fotosíntesis

A - Cloroplastos

B - Mitocondrias

C - Vacuolas

D - Amiloplastos

E - Lisosomas

10. En las mitocondrias se realiza la fotosíntesis

Verdadero

Falso

11. Las células procarióticas son más sencillas que las eucarióticas

Verdadero

Falso

12. La membrana limita la célula y controla el intercambio de sustancias con el medio externo

Verdadero

Falso

13. Los cloroplastos son exclusivos de las células vegetales

Verdadero

Falso

14. La membrana celular es exclusiva de las células animales

Verdadero

Falso

15. Un Aparato o sistema es un conjunto de órganos que funcionan de manera coordinada

Verdadero

Falso

16. Si colocamos una célula en un medio hipotónico respecto al interior celular, la reacción celular es

A - La célula se encoge, se arruga

B - La célula permanece igual

C - La célula se hincha

D - La célula se transforma en otra de menor tamaño

17. La función de las mitocondrias es

A - Almacenar nutrientes

B - Fabricar glucosa y otros nutrientes mediante la energía solar, agua y CO_2

C - Almacenamiento, transporte y maduración de sustancias

D - Producción de energía mediante la respiración celular

18. El Aparato de Golgi almacena y transporta proteínas y otras sustancias que deben ser exportadas al exterior de la célula

Verdadero

Falso

19. Las mitocondrias se encuentran en todas las células eucarióticas

Verdadero

Falso

20. La ósmosis es el paso de agua a través de una membrana semipermeable desde la parte más diluida hacia la más concentrada

Verdadero

Falso

21. Las mitocondrias se encuentran en todas las células

Verdadero

Falso

22. Mediante la respiración celular la célula obtiene energía para su funcionamiento

Verdadero

Falso

23. El citoesqueleto confiere la forma a las células

Verdadero

Falso

24. En los seres pluricelulares todas las células realizan las mismas funciones

Verdadero

Falso

25. Los cilios y los flagelos permiten el movimiento de las células

Verdadero

Falso

26. Las células se miden en micras o micrómetros

Verdadero

Falso

27. La difusión es el paso de sustancias a través de la membrana desde el lado en el que se encuentran en menor concentración hacia el lado en el que se encuentran en mayor concentración

Verdadero

Falso

28. Los cilios y los flagelos permiten la realización de la mitosis

Verdadero

Falso

29. Todas las células vegetales contienen clorofila

Verdadero

Falso

30. Todos los ribosomas están adosados al retículo endoplasmático

Verdadero

Falso

31. El material genético se encuentra siempre en forma de cromosomas

Verdadero

Falso

32. La forma de las células está relacionada con la función que realizan

Verdadero

Falso

33. La célula procariotica se diferencia de la eucariótica en

A - La procariótica tiene núcleo y la eucariótica no

B - La procariótica es más compleja y de mayor tamaño que la eucariótica

C - La procariótica no presenta núcleo diferenciado y la eucariótica sí

D - La procariótica es propia de los organismos pluricelulares y la eucariótica de los unicelulares

34. En la membrana de los tilacoides de los cloroplastos se localiza la clorofila

Verdadero

Falso

35. La pared celular es exclusiva de las células vegetales

Verdadero

Falso

2. Nutrición humana

1. Las vitaminas son fabricadas por el propio organismo

    Verdadero

    Falso

2. Para disminuir la incidencia de la arteriosclerosis se debe

    A - Fumar

    B - Consumir alimentos ricos en grasas

    C - Llevar una vida sedentaria

    D - Engordar

    E - Adelgazar de manera controlada por un especialista

3. En la boca se forma el bolo alimentario

    Verdadero

    Falso

4. Los lípidos son muy abundantes en la fruta

    Verdadero

    Falso

5. La fibra vegetal ayuda a regular la función intestinal

    Verdadero

    Falso

6. En un adulto el número de piezas dentales es

    A - 24

    B - 20

    C - 32

    D - 34

7. Una de las aportaciones de la ingeniería genética es la obtención de cultivos protegidos contra las plagas

    Verdadero

    Falso

8. El compuesto más abundante del organismo es el agua

Verdadero

Falso

9. Alimentos transgénicos son aquellos en los que se seleccionaron las variedades más resistentes

Verdadero

Falso

10. La función reguladora consiste en suministrar sustancias que controlan las reacciones químicas de las células

Verdadero

Falso

11. La obesidad puede desencadenar otras enfermedades como la hipotensión

Verdadero

Falso

12. La insalivación es la mezcla de los alimentos con la saliva segregada por las glándulas salivares

Verdadero

Falso

13. En el estómago comienza la digestión química de las proteínas

Verdadero

Falso

14. En el intestino delgado el quimo se transforma en quilo

Verdadero

Falso

15. Se puede definir nutrición como el conjunto de procesos físicos y químicos que permiten a los nutrientes llegar a todas las células del cuerpo

Verdadero

Falso

16. ¿En qué parte del sistema digestivo se produce la absorción de agua y minerales?

A - Boca

B - Estómago

C - Intestino delgado

D - Intestino grueso

E - Recto

17. Los minerales tienen función energética

Verdadero

Falso

18. Los nutrientes que proporcionan más calorías son

A - Los glúcidos

B - Los lípidos

C - Las proteínas

D - Los sales minerales

E - Las vitaminas

19. La arterioesclerosis es el engrosamiento de la pared interna de las arterias

Verdadero

Falso

20. El jugo pancreático y la bilis se descargan en el

A - Ciego

B - Ileon

C - Duodeno

D - Yeyuno

21. La absorción de nutrientes tiene lugar en el intestino grueso

Verdadero

Falso

22. El duodeno es una parte del intestino grueso

Verdadero

Falso

23. Las 3 partes en las que se divide el intestino grueso son: ciego, colon e ileon

Verdadero

Falso

24. El compuesto más abundante del organismo son las proteínas

Verdadero

Falso

25. De las siguientes vitaminas ¿Cuál es hidrosoluble?

A - D

B - A

C - E

D - C

E - K

26. En el estómago comienza la digestión química de los polisacáridos

Verdadero

Falso

27. Las sales biliares producidas por la vesícula biliar facilitan la digestión de las grasas

Verdadero

Falso

28. Las glándulas anexas al tubo digestivo son: salivares, hígado y bazo

Verdadero

Falso

29. Las sales biliares producidas por el páncreas facilitan la digestión de las grasas

Verdadero

Falso

3. Aparatos circulatorio, respiratorio y excretor

1. Una persona del grupo sanguíneo 0 puede recibir sangre
   - A - Sólo del grupo A
   - B - Sólo del grupo 0
   - C - Del grupo A y del AB
   - D - Del grupo A y del 0
2. La función de los glóbulos rojos es
   - A - Defensa del organismo
   - B - Transporte de O_2
   - C - Coagulación de la sangre
   - D - Transporte de sustancias nutritivas
3. La función de los glóbulos blancos es
   - A - Defensa del organismo
   - B - Transporte de O_2
   - C - Coagulación de la sangre
   - D - Transporte de sustancias nutritivas
4. Una de las medidas para evitar la hipertensión sería
   - A - Hacer una dieta rica en sal
   - B - Evitar el sobrepeso
   - C - Fumar
   - D - Beber poca agua
5. La función de las plaquetas es
   - A - Defensa del organismo
   - B - Transporte de O_2
   - C - Coagulación de la sangre
   - D - Transporte de sustancias nutritivas

6. Los glóbulos blancos son células carentes de núcleo

Verdadero

Falso

7. La defecación es la eliminación de los desechos producidos por las células

Verdadero

Falso

8. La faringe es un órgano común a los aparatos digestivo y respiratorio

Verdadero

Falso

9. Los glóbulos rojos son células carentes de núcleo

Verdadero

Falso

10. Todas las arterias transportan sangre oxigenada

Verdadero

Falso

11. En la circulación menor la sangre sale del corazón y se dirige al cerebro

Verdadero

Falso

12. Entre las sustancias excretadas por la orina se encuentran

A - Proteínas y sales

B - Sales y glucosa

C - Urea y glucosa

D - Urea y aminoácidos

E - Urea y sales

13. En la mujer la uretra forma parte del aparato reproductor

Verdadero

Falso

14. La arteria pulmonar lleva sangre oxigenada

Verdadero

Falso

15. La mayor parte del CO_2 se transporta

A - Unido a la hemoglobina de los glóbulos rojos

B - Por los linfocitos

C - Por medio de los granulocitos

D - Disuelto en el plasma

E - Disuelto en la linfa

16. Los pulmones están formados por

A - Laringe, tráquea, bronquios y bronquiolos

B - Bronquios, bronquiolos y capilares

C - Bronquiolos, alvéolos y capilares rodeados por tejido conjuntivo

D - Tráquea, bronquios, bronquiolos y alvéolos

17. Los vasos sanguíneos de mayor diámetro son

A - La arteria pulmonar y las venas pulmonares

B - La arteria aorta y las venas pulmonares

C - La arteria aorta y la arteria renal

D - La arteria aorta y la vena cava

18. Una de las enfermedades que afecta al aparato respiratorio es la embolia pulmonar

Verdadero

Falso

19. ¿Cuál de los siguientes órganos no tiene función excretora?

A - Pulmones

B - Hígado

C - Riñones

D - Intestino grueso

20. De la aurícula izquierda sale la arteria aorta y al ventrículo izquierdo llegan las venas pulmonares

Verdadero

Falso

21. La función de la epiglotis es

A - Calentar y humidificar el aire que llega a las vías respiratorias

B - Intercambio de gases

C - Impedir la entrada de aire en el Aparato digestivo

D - Impedir la entrada de alimento en las vías respiratorias

22. La epiglotis se encuentra en la laringe

Verdadero

Falso

23. Las arterias

A - Envían la sangre desde el corazón a todos los órganos del cuerpo

B - Llevan la sangre desde los órganos al corazón

C - Por medio de ellas se realiza el intercambio de sustancias entre la sangre y las células

D - No es ninguna correcta

24. La principal función de las glándulas sudoríparas es regular la temperatura corporal

Verdadero

Falso

25. La válvula tricúspide comunica la aurícula derecha con el ventrículo izquierdo

Verdadero

Falso

26. Las plaquetas son fragmentos de citoplasma

Verdadero

Falso

27. Una interrupción del aporte de sangre a una parte del cerebro es la causa de que se produzca

A - Aneurisma

B - Embolia pulmonar

C - Infarto de miocardio

D - Apoplejía

E - Hipertensión

28. En la sístole ventricular las válvulas tricúspide y mitral están cerradas y la sangre sale por las arterias

Verdadero

Falso

29. Las sustancias que se encuentran en mayor concentración en el plasma que en la orina son la urea y las sales

Verdadero

Falso

30. Los neutrófilos son leucocitos granulocitos

Verdadero

Falso

31. Una obstrucción parcial de la arteria coronaria origina una angina de pecho

Verdadero

Falso

32. Son enfermedades del Aparato respiratorio

A - Enfisema, bronquitis y neumonía

B - Asma, nefritis y resfriado

C - Neumonía, asma y meningitis

D - Neumonía, asma y apoplejía

33. ¿Cuál de las siguientes funciones no realiza el hígado?

A - Secretar bilis

B - Almacenar glucógeno

C - Almacenar hierro y algunas vitaminas

D - Sintetizar las células sanguíneas

E - Regular el colesterol sanguíneo

34. En la circulación pulmonar, ¿Cuál es el orden correcto?

A - Ventrículo derecho, sangre desoxigenada, arteria pulmonar, pulmones, intercambio de gases, sangre oxigenada, venas pulmonares, aurícula izquierda

B - Ventrículo derecho, aurícula izquierda, sangre desoxigenada, intercambio de gases, arteria pulmonar, sangre oxigenada, venas pulmonares, pulmones

C - Aurícula izquierda, arteria pulmonar, pulmones, venas pulmonares, sangre desoxigenada, intercambio de gases, ventrículo derecho, sangre oxigenada

D - Aurícula izquierda, sangre desoxigenada, arteria pulmonar, pulmones, intercambio de gases, sangre oxigenada, venas pulmonares, ventrículo derecho

35. El plasma sanguíneo se filtra a la cápsula de Bowman debido a la presión sanguínea

Verdadero

Falso

36. Los agranulocitos son los glóbulos blancos

A - Neutrófilos y eosinófilos

B - Neutrófilos y linfocitos

C - Linfocitos y monocitos

D - Eosinófilos y monolitos

37. Durante la sístole ventricular la sangre

A - Pasa de las aurículas a los ventrículos

B - Pasa de las aurículas a las arterias

C - Pasa de los ventrículos a las aurículas

D - Pasa de los ventrículos a las arterias

4. Funciones de relación en el ser humano

1. La testosterona es producida por la hipófisis

Verdadero

Falso

2. Las hormonas se vierten a la sangre

Verdadero

Falso

3. ¿Cuál de las siguientes glándulas no pertenece al sistema endocrino?

A - Testículos

B - Hipófisis

C - Sudoríparas

D - Tiroides

E - Cápsulas suprarrenales

4. La mielina no es importante para la conducción del impulso nervioso

Verdadero

Falso

5. En las neuronas el núcleo se encuentra

A - En las dendritas

B - En el axón

C - En el cuerpo celular

D - No tienen núcleo

6. El alcohol no se considera una droga porque no afecta al funcionamiento del Sistema Nervioso

Verdadero

Falso

7. Las neuronas que transmiten el impulso nervioso desde los receptores al SNC son

A - Motoras

B - De asociación

C - Sensitivas

D - Interneuronas

8. Las neuronas son las células más largas del cuerpo

Verdadero

Falso

9. Las neuronas carecen de núcleo

Verdadero

Falso

10. Una de las enfermedades hormonales más extendida es

A - Gigantismo

B - Enanismo

C - Diabetes

D - Bocio

E - Cretinismo

11. Las neuronas motoras conducen el impulso nervioso desde el SNC hacia los órganos efectores

Verdadero

Falso

12. Las prolongaciones neuronales cortas y numerosas que se encargan de recibir los estímulos se llaman

A - Axones

B - Células de neuroglía

C - Dendritas

D - Células de Schwann

13. Cada neurona presenta una dendrita y varios axones

Verdadero

Falso

14. El centro que controla los movimientos del cuerpo, participando en el mantenimiento del equilibrio y la postura es

A - Cerebro

B - Médula espinal

C - Cerebelo

D - Encéfalo

E - Bulbo raquídeo

15. El impulso nervioso circula más lentamente en las neuronas mielínicas que en las amielínicas

Verdadero

Falso

16. ¿Qué parte del Sistema Nervioso controla las funciones vitales involuntarias y actos reflejos de protección?

A - Bulbo raquídeo

B - Cerebelo

C - Cerebro

D - Médula espinal

17. La sustancia gris son los cuerpos neuronales sin mielina

Verdadero

Falso

18. La hormona de crecimiento es producida por

A - Ovarios

B - Hipófisis

C - Páncreas

D - Testículos

19. En la médula espinal la sustancia blanca se encuentra

A - En el interior

B - En el exterior

C - No tiene sustancia blanca

D - En la corteza cerebral

20. La área que controla la memoria y la inteligencia reside en el

A - Cerebelo

B - Cerebro

C - Bulbo raquídeo

D - Médula espinal

E - hipófisis

21. El Sistema Nervioso Autónomo controla las funciones básicas del cuerpo

Verdadero

Falso

22. Un nervio craneal es el

A - Ciático

B - Lumbar

C - Óptico

D - Mediano

23. El hipotálamo, situado en el bulbo raquídeo, regula la actividad de la hipófisis

Verdadero

Falso

24. La hormona que pone el cuerpo en estado de alerta es

A - Tiroxina

B - Glucagón

C - Adrenalina

D - Progesterona

E - Testosterona

25. El impulso nervioso sale por las dendritas hacia otras neuronas o hacia los órganos efectores

Verdadero

Falso

26. La glándula que produce insulina es

A - Tiroides

B - Páncreas

C - Cápsulas suprarrenales

D - Hipófisis

E – Testículos

27. Una mensaje hormonal se transmite de manera inmediata produciendo respuestas instantáneas

Verdadero

Falso

28. El hipotálamo y la hipófisis interaccionan por un mecanismo llamado retroalimentación negativa

Verdadero

Falso

29. El Sistema Nervioso Periférico está formado por nervios que inervan músculos y glándulas

Verdadero

Falso

30. El ritmo cardiaco y el respiratorio están controlados por el bulbo raquídeo

Verdadero

Falso

31. En la corteza cerebral se localizan los cuerpos neuronales

Verdadero

Falso

32. El encéfalo se divide en

A - Cerebro, cerebelo y médula espinal

B - Médula espinal, meninges y bulbo raquídeo

C - Médula espinal, cerebro y meninges

D - Cerebro, cerebelo y bulbo raquídeo

E - Cerebro, cerebelo y meninges

33. El Sistema Nervioso Central está formado por el encéfalo y los nervios raquídeos

Verdadero

Falso

34. El Sistema Nervioso Central está formado por

A - Encéfalo y médula espinal

B - Cerebro y médula espinal

C - Cerebro y cerebelo

D - Cerebro y bulbo raquídeo

E - Cerebro, cerebelo y médula espinal

35. Los nervios raquídeos salen de la médula espinal

Verdadero

Falso

5. Los sentidos y el aparato locomotor

1. El músculo cardiaco es de contracción involuntaria

    Verdadero

    Falso

2. El esqueleto del brazo está formado por

    A - Húmero

    B - Cúbito

    C - Peroné

    D - Fémur

    E - Radio

3. ¿Qué hueso no pertenece a la cintura pelviana?

    A - Ilion

    B - Pubis

    C - Isquion

    D - Omóplato

4. En la piel se encuentran receptores táctiles

    Verdadero

    Falso

5. Los tendones unen los músculos a los huesos

    Verdadero

    Falso

6. Los receptores del gusto se encuentran fundamentalmente en

    A - Lengua

    B - Paladar

    C - Faringe

    D - Esófago

    E - Nariz

7. El esqueleto del muslo está formado por

A - Húmero

B - Cúbito

C - Peroné

D - Fémur

E - Tibia

8. El astigmatismo es una anomalía

A - Hormonal

B - Ocular

C - Auditiva

D - Táctil

E - Olfativa

9. El cráneo protege al encéfalo y la columna vertebral a la médula espinal

Verdadero

Falso

10. Los conos y los bastones se encuentran en el oído medio

Verdadero

Falso

11. Los conos y los bastones son termorreceptores

Verdadero

Falso

12. El músculo liso presenta una contracción voluntaria

Verdadero

Falso

13. Las fibras del músculo liso no presentan estriaciones

Verdadero

Falso

14. El cóccix es el último hueso de la columna vertebral

Verdadero

Falso

15. El esqueleto almacena calcio

Verdadero

Falso

16. Cúbito y radio forman el esqueleto del antebrazo

Verdadero

Falso

17. La clavícula es un hueso plano

Verdadero

Falso

18. Los huesos crecen sólo en longitud

Verdadero

Falso

19. En el paladar se encuentran receptores olfativos

Verdadero

Falso

20. Los doce pares de costillas se articulan por su extremo posterior con las vértebras dorsales

Verdadero

Falso

21. La fatiga muscular se debe a un aporte insuficiente de CO_2

Verdadero

Falso

22. La segunda vértebra de la columna vertebral se denomina

A - Axis

B - Atlas

C - Cóccix

D - Sacro

23. Todos los dedos de la mano tienen tres falanges

Verdadero

Falso

24. Los receptores son las estructuras que ejecutan las órdenes del Sistema Nervioso

Verdadero

Falso

25. ¿Cuál de las siguientes membranas no forma parte del ojo?

A - Aracnoides

B - Coroides

C - Esclerótica

D - Retina

26. La acomodación del ojo se debe a

A - El humor acuoso

B - El humor vítreo

C - La retina

D - El cristalino

E - La pupila

27. La médula ósea es un tejido blando que rellena las cavidades de los huesos

Verdadero

Falso

28. Los receptores del equilibrio están

A - En el caracol

B - En el utrículo, en el sáculo y en los canales semicirculares

C - En el martillo, yunque y estribo

D - En el conducto auditivo externo

E - En la trompa de Eustaquio

29. Los bastones son fotorreceptores que sólo permiten ver en blanco y negro

Verdadero

Falso

30. La otitis es una acumulación de moco y infección en el oído medio

Verdadero

Falso

31. El crecimiento de los huesos se detiene cuando todo el cartílago ya se transformó en hueso

Verdadero

Falso

32. Los efectores son las células del organismo especializadas en detectar un estímulo

Verdadero

Falso

33. La pupila es la membrana situada en la coroides

Verdadero

Falso

34. La cavidad situada entre la córnea y el cristalino está llena de humor vítreo

Verdadero

Falso

35. Entre el húmero y la tibia hay una articulación móvil

Verdadero

Falso

36. Los receptores del dolor son

A - Térmorreceptores

B - Quimiorreceptores

C - Nociceptores

D - Fotorreceptores

E - Mecanorreceptores

37. Los fotorreceptores que permiten ver los colores son

A - Corpúsculos de Krause

B - Conos

C - Bastones

D - Corpúsculos de Ruffini

38. La membrana que separa el oído externo del medio se llama

A - Meninge

B - Tímpano

C - Duramadre

D - Epiglotis

E - Piamadre

39. Las vértebras pertenecen al esqueleto axial

Verdadero

Falso

40. Los gemelos son los músculos que estiran la pierna

Verdadero

Falso

41. El astigmatismo se debe a que la córnea tiene la misma curvatura en todas las direcciones

Verdadero

Falso

42. El tendón de Aquiles une los gemelos con el hueso calcáneo del tarso

Verdadero

Falso

43. La enfermedad hereditaria que impide el movimiento de los huesos del oído medio se llama

A - Enfermedad de Meniere

B - Otitis

C - Otosclerosis

D - Presbiacusia

44. El esternocleidomastoideo permite subir y bajar la cabeza y girarla de izquierda a derecha y viceversa

Verdadero

Falso

45. En la médula ósea amarilla se forman las células sanguíneas

Verdadero

Falso

46. La lesión o rotura de los ligamentos que sujetan las articulaciones se llama dislocación

Verdadero

Falso

47. En la fóvea de la esclerótica es donde se concentra el mayor número de receptores

Verdadero

Falso

48. Las sensaciones auditivas son conducidas por el nervio auditivo hacia el cerebelo

Verdadero

Falso

49. La hipermetropía se produce cuando el ojo es más corto de lo normal o la córnea es muy plana

Verdadero

Falso

50. El músculo que permite separar el brazo del cuerpo es el

A - Bíceps braquial

B - Trapecio

C - Tríceps braquial

D - Pectoral mayor

E - Deltoides

51. El órgano de Corti se encuentra

A - En el oído medio

B - En la cóclea

C - En el utrículo

D - En los canales semicirculares

E - En el oído externo

52. Entre las vértebras cervicales hay articulaciones semimóviles

Verdadero

Falso

53. Los músculos masticadores más importantes son

A - Temporal y trapecio

B - Temporal y deltoides

C - Temporal y masetero

D - Temporal y esternocleidomastoideo

54. Son dos músculos antagónicos

A - Bíceps crural y deltoides

B - Deltoides y gemelos

C - Deltoides y flexores de los dedos

D - Bíceps crural y cuádriceps

55. Las fibras de queratina proporcionan a los huesos elasticidad y resistencia

Verdadero

Falso

56. La miopía se produce cuando el ojo es más largo de lo normal y la córnea está demasiado curvada

Verdadero

Falso

57. El periostio contiene nervios y vasos sanguíneos que alimentan al hueso

Verdadero

Falso

6. Reproducción humana y sexualidad

1. El preservativo previene eficazmente contra las enfermedades de transmisión sexual

    Verdadero

    Falso

2. Una de las formas de evitar el contagio del virus VIH es no compartir agujas, jeringas o máquinas de afeitar

    Verdadero

    Falso

3. Los espermicidas impiden la fecundación

    Verdadero

    Falso

4. El extremo del pene se llama también glande

    Verdadero

    Falso

5. La conexión entre el feto y la placenta se realiza a través del cordón umbilical

    Verdadero

    Falso

6. Los testículos constituyen la única parte del aparato reproductor masculino situada fuera de la cavidad abdominal

    Verdadero

    Falso

7. Las técnicas de reproducción asistida sirven para que parejas fértiles puedan tener hijos

    Verdadero

    Falso

8. Los óvulos son células grandes e inmóviles

Verdadero

Falso

9. La infertilidad es la imposibilidad de tener descendencia en condiciones artificiales

Verdadero

Falso

10. ¿Cuál de las siguientes enfermedades no es de transmisión sexual?

A - Sífilis

B - SIDA

C - Gonorrea

D - Herpes genital

E - Botulismo

11. La bolsa externa en la que se alojan los testículos se llama escroto

Verdadero

Falso

12. Un embarazo extrauterino o ectópico consiste en el desarrollo de un embrión fuera de la cavidad uterina

Verdadero

Falso

13. El SIDA es la única enfermedad de transmisión sexual

Verdadero

Falso

14. En los testículos se produce la hormona llamada

A - Progesterona

B - Testosterona

C - Adrenalina

D - Tiroxina

E - Insulina

15. Los cambios físicos que se producen en la pubertad son de origen hormonal

Verdadero

Falso

16. El virus responsable del SIDA es el VIH

Verdadero

Falso

17. La inseminación artificial consiste en extraer uno o más óvulos de la madre y fecundarlos en el laboratorio con espermatozoides de la pareja o de un donante

Verdadero

Falso

18. La nutrición del feto se realiza la través de la placenta

Verdadero

Falso

19. La vasectomía es un método anticonceptivo irreversible que consiste en cortar o ligar las trompas de Falopio

Verdadero

Falso

20. La membrana en la que está suspendido el embrión se llama

A - Placenta

B - Amnios

C - Útero

D - Cordón umbilical

21. Para realizar la vasectomía se cortan o se ligan los conductos deferentes

Verdadero

Falso

22. El parto se realiza en dos fases: dilatación y expulsión del feto

Verdadero

Falso

23. Las contracciones uterinas sirven para la dilatación del cuello uterino y la expulsión del feto y de la placenta al exterior

Verdadero

Falso

24. Aproximadamente en el día 14 del ciclo menstrual se produce la ovulación

Verdadero

Falso

25. La implantación es el proceso por el cual el embrión se une al endometrio uterino para continuar con su desarrollo

Verdadero

Falso

26. Los espermatozoides obtienen la energía necesaria para desplazarse de los ribosomas

Verdadero

Falso

27. Los primeros días después del parto se produce una leche especial llamado calostro

Verdadero

Falso

28. El órgano en el que se desarrolla el embrión y el feto hasta el nacimiento se llama

A - Trompa de Falopio

B - Vagina

C - Himen

D - Útero o matriz

E - Vulva

29. La intervención quirúrgica que consiste en abrir el abdomen y el útero y sacar el feto se llama cesárea

Verdadero

Falso

30. Después de la ovulación, el folículo degenera y se transforma en el cuerpo rojo

Verdadero

Falso

31. En las mujeres el recorrido que hace la orina coincide con el recorrido de los gametos femeninos

Verdadero

Falso

32. Los espermatozoides se forman a una temperatura ligeramente superior a la corporal

Verdadero

Falso

33. ¿Cuál de los siguientes órganos no pertenece a la estructura del aparato reproductor femenino?

A - Uretra

B - Ovarios

C - Vagina

D - Útero

E - Vulva

34. El epidídimo es el conducto de salida de los espermatozoides del testículo

Verdadero

Falso

35. Los embriones sobrantes de las técnicas de reproducción asistida normalmente se congelan

Verdadero

Falso

36. La leche materna contiene anticuerpos maternos que inmunizan al recién nacido frente a posibles infecciones

Verdadero

Falso

37. Los espermatozoides se forman

A - En el epidídimo

B - En los conductos deferentes

C - En los túbulos seminíferos

D - En la próstata

E - En las vesículas seminales

38. El recorrido del óvulo desde que se forma hasta llegar al exterior del cuerpo es:

A - Folículos ováricos - Trompas de Falopio - Útero - Vagina - Vulva - Exterior

B - Trompas de Falopio - Útero - Vulva - Folículos ováricos - Vagina - Exterior

C - Folículos ováricos - Trompas de Falopio - Vagina - Útero - Vulva - Exterior

D - Trompas de Falopio - Folículos ováricos - Útero - Vagina - Vulva - Exterior

39. La fecundación se produce

A - En la vagina

B - En el útero

C - En la placenta

D - En la trompa de Falopio

E - En el ovario

40. Las enfermedades de transmisión sexual son muy contagiosas, se pueden padecer varias veces y no hay vacuna contra ellas

Verdadero

Falso

41. La FSH estimula el crecimiento y desarrollo de los folículos

Verdadero

Falso

42. ¿A partir de qué mes al embrión se le llama feto?

A - Primero

B - Quinto

C - Tercero

D - Séptimo

E - Noveno

43. La LH estimula la ovulación y la formación del cuerpo lúteo

Verdadero

Falso

44. Las secreciones de las vesículas seminales y de la próstata junto con los espermatozoides constituye el semen

Verdadero

Falso

45. La glándula que hace que se inicie la secreción de leche es

A - Placenta

B - Ovarios

C - Hipófisis

D - Mamas

46. Un método anticonceptivo que impide la ovulación es

A - Preservativo

B - Diafragma

C - Píldora anticonceptiva

D - DIU

E – Espermicidas

7. Salud y enfermedad

1. El cancer afecta a órganos muy diferentes y a personas de todas las edades

Verdadero

Falso

2. Los efectos secundarios son efectos añadidos a los medicamentos distintos de los que motivaron su ingestión

Verdadero

Falso

3. Los hábitos de la vida diaria influyen directamente en el estado de salud

Verdadero

Falso

4. El principal inconveniente a la hora de hacer un transplante es el fenómeno del rechazo

Verdadero

Falso

5. Las células del sistema inmune son los glóbulos rojos

Verdadero

Falso

6. Todos los hongos causan enfermedades

Verdadero

Falso

7. Se abusa de un medicamento cuando lo ingerimos de forma excesiva, sin fines médicos y, por lo tanto, sin necesidad

Verdadero

Falso

8. Una dieta rica en grasas es una dieta saludable

Verdadero

Falso

9. Todas las enfermedades infecciosas se pueden prevenir mediante vacunas

Verdadero

Falso

10. El sistema especializado en la destrucción de los microorganismos es el sistema inmune

Verdadero

Falso

11. La piel forma una barrera física que actúa como primera defensa frente a los organismos invasores

Verdadero

Falso

12. Los antibióticos son muy efectivos contra los virus

Verdadero

Falso

13. Los antibióticos destruyen las bacterias o detienen su multiplicación

Verdadero

Falso

14. Las sustancias de naturaleza proteica extrañas a un organismo se llaman

A - Anticuerpos

B - Macrófagos

C - Antígenos

D - Linfocitos

E - Fagocitos

15. ¿Qué medicamentos contribuyen a combatir o curar las enfermedades infecciosas?

A - Estimulantes

B - Tranquilizantes

C - Antibióticos y antivirales

D - Analgésicos

E - Narcóticos

16. Los anticuerpos son proteínas plasmáticas capaces de destruir los microorganismos

Verdadero

Falso

17. Las enfermedades neurodegenerativas afectan al sistema hormonal

Verdadero

Falso

18. Las enfermedades neurodegenerativas están ocasionadas por la degeneración de células nerviosas de determinadas zonas del cerebro

Verdadero

Falso

19. Los medicamentos son sustancias químicas que interfieren en las reacción orgánicas

Verdadero

Falso

20. Cada anticuerpo es específico para un determinado tipo de antígeno

Verdadero

Falso

21. Los carcinógenos son sustancias que transforman una célula normal en cancerígena

Verdadero

Falso

22. Los linfocitos son los leucocitos productores de anticuerpos

Verdadero

Falso

23. Antes del desarrollo de la medicina moderna las enfermedades más frecuentes eran fundamentalmente las contagiosas

Verdadero

Falso

24. Los virus son parásitos celulares obligados

Verdadero

Falso

25. El botulismo es una enfermedad producida por toxinas bacterianas

Verdadero

Falso

26. Al vacunarse se produce una inmunidad natural pasiva

Verdadero

Falso

27. Los leucocitos que producen anticuerpos se llaman

A - Monocitos

B - Neutrófilos

C - Linfocitos

D - Eosinófilos

E - Basófilos

28. El transplante de un órgano es el primer recurso médico que se utiliza frente a una enfermedad

Verdadero

Falso

29. En la actualidad hay una disminución en el número de transplantes

Verdadero

Falso

30. Un tumor celular o neoplasia es una masa de células producida por una división incontrolada de las mismas

Verdadero

Falso

31. Los trastornos autoinmunes son respuestas no apropiadas del sistema inmune ante sustancias inofensivas o contra tejidos del propio cuerpo

Verdadero

Falso

32. En la actualidad, el órgano más fácil de transplantar es

A - El hígado

B - El corazón

C - El riñón

D - El pulmón

E - La médula ósea

33. El botulismo está causado por

A - Protozoos

B - Bacterias

C - Hongos

D - Virus

34. ¿Cuál de las siguientes enfermedades es de origen bacteriano?

A - Gripe

B - Sarampión

C - Varicela

D - Tuberculosis

E - Poliomielitis

35. La vacunación consiste en introducir en el organismo bacterias o virus muertos o inactivados que no producen la enfermedad, pero sí poseen los anticuerpos de la misma

Verdadero

Falso

36. La malaria es una enfermedad producida por un protozoo

Verdadero

Falso

37. ¿Cuál de los siguientes órganos no es linfoide?

A - Bazo

B - Timo

C - Amígdalas

D - Estómago

E - Paredes intestinales

38. La aspirina y el paracetamol son tranquilizantes

Verdadero

Falso

39. Las toxinas son sustancias venenosas producidas por

A - Virus

B - Levaduras

C - Bacterias

D - Protozoos

40. ¿Cuál de las siguientes enfermedades no es neurodegenerativa?

A - Enfermedad de Alzheimer

B - Enfermedad de Parkinson

C - Esclerosis múltiple

D - Diabetes

E - Demencia senil

8. La materia mineral

1. La densidad de un mineral es la relación que existe entre su masa y su peso

Verdadero

Falso

2. La resistencia que ofrece un mineral a ser rayado se llama

A - Dureza

B - Densidad

C - Exfoliación

D - Tenacidad

3. Una mina es un sistema de pozos y galerías que permiten la extracción subterránea de mineral

Verdadero

Falso

4. La materia amorfa es aquella en la que los elementos que la constituyen están ordenados

Verdadero

Falso

5. ¿Cuál es el mineral más duro de todos?

A - Cuarzo

B - Yeso

C - Diamante

D - Halita

E - Fluorita

6. Los silicatos son los minerales petrogenéticos más abundantes

Verdadero

Falso

7. La densidad de un mineral es la relación que existe entre su masa y su volumen

Verdadero

Falso

8. Las canteras son minas subterráneas

Verdadero

Falso

9. Para que los cristales sean grandes y perfectos se precisa mucho espacio y tempo

Verdadero

Falso

10. ¿Qué mineral forma las rocas calizas?

A - Feldespato

B - Olivino

C - Halita

D - Calcita

E - Fluorita

11. Señala el mineral que está formado por un solo elemento químico

A - Cuarzo

B - Halita

C - Oro

D - Micas

E – Feldespato

12. Los minerales más abundantes que forman las rocas se llaman petrogenéticos

Verdadero

Falso

13. Los minerales no son nunca líquidos ni gaseosos

Verdadero

Falso

14. La resistencia que ofrece un mineral a la rotura se llama

A - Densidad

B - Dureza

C - Tenacidad

D - Elasticidad

15. Grafito y diamante tienen la misma composición química

Verdadero

Falso

16. La estructura cristalina presenta

A - Orden interna entre las partículas y forma externa regular

B - Orden interna entre las partículas y forma externa irregular

C - Partículas desordenadas y forma externa irregular

D - Partículas desordenadas y forma externa regular

17. Los gases volcánicos pueden originar minerales mediante sublimación

Verdadero

Falso

18. Las menas son minerales de los que se puede obtener algún elemento metálico de utilidad económica

Verdadero

Falso

19. La celda unidad es la estructura básica que forma la materia amorfa

Verdadero

Falso

20. El proceso en el que se forman minerales directamente a partir de un gas se llama

A - Precipitación

B - Disolución

C - Cristalización

D - Sublimación

E - Solidificación

21. Brillo es el aspecto que presenta la superficie de un mineral cuando refleja la luz

Verdadero

Falso

22. Los carbonatos son los minerales petrogenéticos más abundantes

Verdadero

Falso

23. Indica cuáles de los siguientes materiales son minerales

A - Granito, cuarzo, basalto

B - Diamante, cuarzo, apatito

C - Pizarra, fluorita, mármol

D - Calcita, yeso, mármol

24. El talco en la escala de Mohs tiene dureza 1

Verdadero

Falso

25. Los minerales masivos presentan una estructura cristalina interna

Verdadero

Falso

26. Grafito y diamante tienen la misma estructura cristalina interna

Verdadero

Falso

27. Cuando los minerales tienen una forma externa poliédrica se llaman cristales

Verdadero

Falso

28. Un mineral se puede considerar como una piedra preciosa teniendo en cuenta su brillo, color, transparencia y dureza

Verdadero

Falso

29. Los minerales masivos se presentan en la naturaleza con una forma externa no definida

Verdadero

Falso

30. Las estalactitas se forman en el suelo de las cuevas y las estalagmitas en el techo

Verdadero

Falso

31. Las estalactitas y las estalagmitas se forman a partir del bicarbonato de calcio que transporta el agua subterránea

Verdadero

Falso

32. El mercurio se obtiene del cinabrio y el plomo de la galena

Verdadero

Falso

33. El color que tiene un mineral al hacerlo polvo se llama

A - Hábito

B - Raya

C - Brillo

D - Dureza

E - Color

34. ¿Cuál es el orden correcto de mayor a menor dureza en la escala de Mohs?

A - Diamante - Cuarzo - Talco - Yeso - Topacio

B - Diamante - Topacio - Cuarzo - Yeso - Talco

C - Diamante - Cuarzo - Yeso - Topacio - Talco

D - Diamante - Talco - Topacio - Cuarzo - Yeso

35. La casiterita es mena de estaño

Verdadero

Falso

36. Un mineral que presente una dureza aproximada de 7,5 estaría situado entre

A - Cuarzo y topacio

B - Calcita y fluorita

C - Fluorita y apatito

D - Topacio y corindón

37. La sal común está formada por iones de sodio y cloro situados en los vértices de un cubo

Verdadero

Falso

38. ¿Qué mineral no es un silicato?

A - Cuarzo

B - Mica

C - Yeso

D - Olivino

E - Feldespato

39. La mena de mercurio es

A - Hematites

B - Calcopirita

C - Cinabrio

D - Casiterita

E - Bauxita

40. La mena del cobre es

A - Cinabrio

B - Calcopirita

C - Esfarelita

D - Magnetita

41. El ópalo presenta estructura cristalina

Verdadero

Falso

42. Las estalagmitas se forman en el suelo de las cuevas al precipitar el carbonato de calcio formado a partir del bicarbonato de calcio disuelto en el agua subterránea

Verdadero

Falso

9. Las rocas

1. En un magma se distinguen tres fases: sólida, líquida y gaseosa

    Verdadero

    Falso

2. El granito está formado por

    A - Cuarzo, mica y fluorita

    B - Cuarzo, feldespato y mica

    C - Feldespato, obsidiana y mica

    D - Cuarzo, calcita y yeso

3. Todas las rocas están formadas por varios minerales

    Verdadero

    Falso

4. La piedra pómez es una roca volcánica

    Verdadero

    Falso

5. Las rocas volcánicas se originan a partir de la solidificación de la lava

    Verdadero

    Falso

6. Los sedimentos sólo se originan a partir de rocas sedimentarias

    Verdadero

    Falso

7. Las rocas plutónicas se encuentran formando grandes masas llamadas plutones

    Verdadero

    Falso

8. La foliación de las pizarras permite su exfoliación en capas o láminas que se pueden utilizar para recubrir tejados

    Verdadero

    Falso

9. La arcilla mezclada con caliza constituye el cemento

Verdadero

Falso

10. Se el gneis se funde por aumento de presión y temperatura se transforma en granito de anatexia

Verdadero

Falso

11. Las brechas son un tipo de

A - Areniscas

B - Calizas

C - Conglomerados

D - Arcillas

12. La sienita y el gabro son rocas

A - Volcánicas

B - Plutónicas

C - Metamórficas

D - Filonianas

13. En Galicia abundan las pizarras, los esquistos y los gneises

Verdadero

Falso

14. El carbón es una roca sedimentaria de origen

A - Detrítico

B - De precipitación química

C - Evaporítica

D - Orgánico

15. El conjunto de transformaciones que sufre una roca por el aumento de la presión y temperatura cuando alcanza niveles profundos del interior terrestre se llama

A - Magmatismo

B - Diagénesis

C - Metamorfismo

D - Metasomatismo

16. Las pegmatitas son rocas volcánicas muy abundantes

Verdadero

Falso

17. Los sedimentos se acumulan en las cuencas de erosión

Verdadero

Falso

18. Una brecha es un conglomerado de cantos angulosos

Verdadero

Falso

19. Son rocas volcánicas

A - Gabro y peridotita

B - Basalto y obsidiana

C - Mármol y cuarcita

D - Halita y silvina

20. Todas las rocas pueden experimentar metamorfismo

Verdadero

Falso

21. El magma se origina a partir de las rocas metamórficas y magmáticas

Verdadero

Falso

22. Las rocas que se forman a partir del metamorfismo de las areniscas son

A - Obsidianas

B - Mármoles

C - Cuarcitas

D - Basaltos

23. El mármol está formado por el mineral

A - Biotita

B - Calcita

C - Cuarzo

D - Moscovita

24. Las calizas pueden tener un origen orgánico

Verdadero

Falso

25. El olivino es

A - Una roca caliza

B - Una roca silícea

C - Un mineraloide

D - Un mineral

26. Las rocas filonianas (subvolcánicas) acostumbran a aparecer rellenando grietas que atraviesan a las rocas encajantes y que se llaman diques

Verdadero

Falso

27. ¿Cuál de las siguientes afirmaciones corresponde a una roca volcánica?

A - Presenta esquistosidad

B - Contiene fósiles

C - Se forma por enfriamiento brusco de un magma

D - Se forma por contacto con un magma

28. Las arcillas son rocas

A - Salinas

B - Detríticas

C - Calizas

D – Orgánicas

29. En la mitad este de la península ibérica predominan las rocas plutónicas

Verdadero

Falso

30. Una roca constituida por grandes cristales englobados en una matriz vítrea presenta textura

A - Vítrea

B - Porfídica

C - Granuda

D - Microcristalina

31. Las margas son rocas intermedias entre areniscas y arcosas

Verdadero

Falso

32. La serie de transformación de la arcilla es la siguiente

A - Arcilla - Pizarra - Esquisto - Gneis - Micacita

B - Arcilla - Esquisto - Pizarra - Gneis - Micacita

C - Arcilla - Pizarra - Gneis - Esquisto - Micacita

D - Arcilla - Pizarra - Esquisto - Micacita - Gneis

33. Son rocas volcánicas

A - Basaltos, andesitas y dioritas

B - Andesitas, basaltos y gabros

C - Basaltos andesitas y riolitas

D - Riolitas, basaltos y peridotitas

34. Son rocas plutónicas

A - Granito, gabro y sienita

B - Granito, peridotita y basalto

C - Sienita, peridotita y riolita

D - Granito, mármol y gabro

35. Travertinos y tobas son rocas

A - Detríticas

B - Salinas

C - Orgánicas

D – Calizas

10. Solucionario

1. Organización celular de los seres vivos

1	D	**11**	V	**21**	V	**31**	F
2	C	**12**	V	**22**	V	**32**	V
3	V	**13**	F	**23**	V	**33**	C
4	F	**14**	F	**24**	F	**34**	V
5	F	**15**	V	**25**	V	**35**	F
6	F	**16**	C	**26**	V		
7	V	**17**	D	**27**	F		
8	F	**18**	V	**28**	F		
9	A	**19**	V	**29**	F		
10	F	**20**	V	**30**	F		

2. Nutrición humana

1	F	**11**	F	**21**	F
2	E	**12**	V	**22**	F
3	V	**13**	V	**23**	F
4	F	**14**	V	**24**	F
5	V	**15**	V	**25**	D
6	C	**16**	D	**26**	F
7	V	**17**	F	**27**	V
8	V	**18**	B	**28**	F
9	F	**19**	V	**29**	F
10	V	**20**	C		

3. Aparatos circulatorio, respiratorio y excretor

1	B	**11**	F	**21**	D	**31**	V
2	B	**12**	E	**22**	V	**32**	A
3	A	**13**	F	**23**	A	**33**	D
4	B	**14**	F	**24**	V	**34**	A
5	C	**15**	D	**25**	F	**35**	V
6	F	**16**	C	**26**	F	**36**	C
7	F	**17**	D	**27**	D	**37**	D
8	V	**18**	V	**28**	V		
9	V	**19**	D	**29**	F		
10	F	**20**	F	**30**	V		

4. Funciones de relación en el ser humano

1	F	**11**	V	**21**	V	**31**	V
2	V	**12**	C	**22**	C	**32**	D
3	C	**13**	F	**23**	V	**33**	F
4	F	**14**	C	**24**	C	**34**	A
5	C	**15**	F	**25**	F	**35**	V
6	F	**16**	A	**26**	B		
7	C	**17**	V	**27**	F		
8	V	**18**	B	**28**	V		
9	F	**19**	B	**29**	V		
10	C	**20**	B	**30**	V		

5. Los sentidos y el aparato locomotor

1	V	**11**	F	**21**	F	**31**	V	**41**	F	**51**	B
2	A	**12**	F	**22**	A	**32**	F	**42**	V	**52**	V
3	D	**13**	V	**23**	F	**33**	F	**43**	C	**53**	C
4	V	**14**	V	**24**	F	**34**	V	**44**	V	**54**	D
5	V	**15**	V	**25**	A	**35**	F	**45**	F	**55**	F
6	A	**16**	V	**26**	D	**36**	C	**46**	F	**56**	V
7	D	**17**	F	**27**	V	**37**	B	**47**	F	**57**	V
8	B	**18**	F	**28**	B	**38**	B	**48**	F		
9	F	**19**	F	**29**	V	**39**	V	**49**	V		
10	F	**20**	V	**30**	F	**40**	F	**50**	E		

6. Reproducción humana y sexualidad

1	V	**11**	V	**21**	V	**31**	F	**41**	V
2	V	**12**	V	**22**	F	**32**	F	**42**	C
3	F	**13**	F	**23**	V	**33**	A	**43**	V
4	V	**14**	B	**24**	V	**34**	V	**44**	V
5	V	**15**	V	**25**	V	**35**	V	**45**	C
6	V	**16**	V	**26**	F	**36**	V	**46**	C
7	F	**17**	F	**27**	V	**37**	C		
8	V	**18**	V	**28**	D	**38**	A		
9	F	**19**	F	**29**	V	**39**	D		
10	E	**20**	B	**30**	F	**40**	V		

7. Salud y enfermedad

1	V	11	V	21	V	31	V
2	F	12	F	22	V	32	C
3	V	13	V	23	V	33	B
4	V	14	C	24	V	34	D
5	F	15	C	25	V	35	V
6	F	16	V	26	F	36	V
7	V	17	F	27	C	37	D
8	F	18	V	28	F	38	F
9	F	19	V	29	F	39	C
10	V	20	V	30	V	40	D

8. La materia mineral

1	F	11	C	21	V	31	F	41	F
2	A	12	V	22	F	32	V	42	V
3	V	13	V	23	B	33	B		
4	F	14	C	24	V	34	B		
5	C	15	V	25	V	35	V		
6	V	16	A	26	F	36	A		
7	V	17	V	27	V	37	F		
8	F	18	V	28	V	38	C		
9	V	19	F	29	V	39	C		
10	C	20	D	30	F	40	B		

9. Las rocas

1	V	**11**	C	**21**	V	**31**	F
2	B	**12**	B	**22**	C	**32**	D
3	F	**13**	V	**23**	B	**33**	C
4	V	**14**	D	**24**	V	**34**	A
5	V	**15**	C	**25**	D	**35**	D
6	F	**16**	F	**26**	V		
7	V	**17**	F	**27**	C		
8	V	**18**	V	**28**	B		
9	V	**19**	B	**29**	F		
10	V	**20**	V	**30**	B		

www.ingramcontent.com/pod-product-compliance
Ingram Content Group UK Ltd.
Pitfield, Milton Keynes, MK11 3LW, UK
UKHW041919190726
13854UKWH00003B/1337